Consulte o
TARÔ

Consulte o TARÔ

— Nei Naiff —

ALFABETO

Publicado em 2022 pela Editora Alfabeto

Direção Editorial: Edmilson Duran
Capa e diagramação: Décio Lopes
Revisão de Textos: Luciana Papale
Texto de capa: Rackel Accetti

DADOS INTERNACIONAIS DE CATALOGAÇÃO NA PUBLICAÇÃO

Naiff, Nei

Consulte o Tarô / Nei Naiff – 1ª edição – São Paulo: Editora Alfabeto, 2022.

ISBN 978-65-87905-36-5

1. Tarô 2. Arte divinatória 3. Oráculo I. Título.

Todos os direitos reservados, proibida a reprodução total ou parcial por qualquer meio, inclusive internet, sem a expressa autorização por escrito da Editora.

Siga Nei Naiff nas redes sociais:
E-mail: livro@neinaiff.com
Site Oficial: www.neinaiff.com
Escola de Tarô: www.tarotista.com.br
Facebook: www.facebook.com/escritor.nei.naiff
Instagram: www.instagram.com/neinaiff
Pinterest: www.pinterest.com/neinaiff
Youtube: www.youtube.com/neinaiff

Rua Protocolo, 394 | São Paulo/SP
CEP 04254-030 | Tel: (11)2351-4720
E-mail: editorial@editoraalfabeto.com.br
www.editoraalfabeto.com.br

Como surgiu esta obra?

Esta obra nasceu de uma experiência feita na internet com o Oráculo Virtual do Tarô, desenvolvida por mim, em novembro de 1999, para compor o site www.neinaiff.com

Após mais de 1 milhão de consultas on-line, foram elaborados outros sistemas baseados na mesma estrutura técnica. Assim, por meio daquele método seguro de respostas objetivas, nasceu este projeto oracular com o tarô.

Este livro funciona?

Talvez esta seja uma das grandes perguntas do mundo esotérico. Posso, ou melhor, podemos dizer que sim! O sistema espiritual não está baseado em nosso plano físico, tangível, tridimensional. Você já deve ter ouvido falar ou já estudou que a energia do pensamento pode alcançar o outro lado do mundo em fração de segundos, ou também que podemos nos projetar e melhorar nossa qualidade de vida conectando-nos com a Fonte Divina. Mas onde está essa energia? Há 300 bilhões de anos-luz? Ao nosso lado? No altar da igreja? Com certeza essa energia vai estar sempre onde desejarmos, inclusive nas páginas deste pequeno livro.

O Tarô é um símbolo mágico que o homem aprendeu a ler ao longo dos tempos. Todos os oráculos são aplicações de estudos profundos de um sistema de probabilidades da vida. A espiritualidade e a magia do tarô se encontram na escolha das cartas. Escolhas mágicas e espirituais? Sim, porque suas interpretações e orientações são puramente técnicas.

O que é o tarô?

O nome *tarô* foi dado ao conjunto de 78 cartas de um baralho, denominadas de *arcanos*, dividido em dois grandes grupos: *arcanos mairores* (22 cartas) e *arcanos menores* (56 cartas). O primeiro grupo se reporta ao universo das ideias e das possibilidades; o segundo, ao mundo das formas e da realidade. Ambos se complementam para analisar os caminhos da ação humana — seus desejos, realizações ou perdas —, sempre orientando para uma qualidade de vida melhor. Embora alguns esotéricos digam que o tarô seja oriundo do norte da África (Egito), tudo o que sabemos desta arte mística e enigmática é que ela surgiu no sul da Europa (Itália, França, Espanha) no final do século 14.

O tarô prevê e orienta os acontecimentos futuros e sugere uma conduta e conscientização dos caminhos atuais. Assim, seus conselhos ensinam como continuar ou reavaliar os desejos naquela situação em particular.

Para o tarô, todos os acontecimentos futuros se baseiam nas atitudes presentes ou nos caminhos cármicos. Mesmo que a projeção seja negativa, ele sempre dará uma alternativa para que se possa, no mínimo, suportar o obstáculo. Por outro lado, tendo o caminho aberto, ele fornecerá conselhos para o seu aperfeiçoamento e felicidade plena.

Outra questão muito interessante no uso do tarô é que se pode especular à vontade. Portanto, ele também pode revelar tendências e probabilidades. Contudo, seja por curiosidade ou por necessidade, *é muito importante que os motivos que envolvem a pergunta sejam claros e objetivos para que se possa entender sua resposta.*

Existem várias técnicas de leitura com o tarô. Neste trabalho usaremos a leitura de previsão com uma carta. Este método é indicado para elucidar questões que não exijam muitas explicações, nem admitam hipóteses muito complexas; questões em que apenas se deseja saber se a situação tem ou não condições de se realizar.

Como usar este livro?

Você pode levá-lo em sua bolsa, ao trabalho, à escola, na viagem... Assim, quando precisar, terá uma ajuda muito especial. O método de uso deste oráculo é simples: *pense na questão desejada ou formule uma pergunta clara e objetiva, respire fundo, visualize a situação, vire o livro fechado várias vezes e abra numa página qualquer. Leia atentamente a resposta e medite sobre o seu significado.* É aconselhável não perguntar várias vezes sobre a mesma situação, pois a primeira resposta é sempre a verdadeira, acredite nela e busque seu sucesso.

Boa sorte em sua jornada!

Ó força cósmica e universal, revele por meio do tarô as minhas questões!

Mago

Preságio: *princípio*

....

Tudo é possível, mas nada é garantido.
A situação carece de muito
planejamento, de uma comunicação
clara ou de buscar novos caminhos
para alcançar os seus objetivos.

*Abra seus horizontes, pense melhor e siga
em frente; pois a sorte está ao seu lado.*

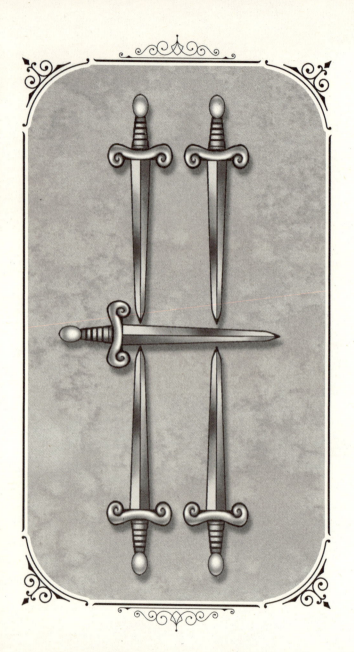

5 de Espadas

Presságio: desperdício

....

Calma. Existem momentos na vida em que não adianta lutar contra o destino, o tempo e principalmente contras as pessoas. Ninguém tem culpa, nem você. Esqueça essa situação.

As coisas são assim mesmo: algumas vezes dá certo; outras, não. Busque outro caminho.

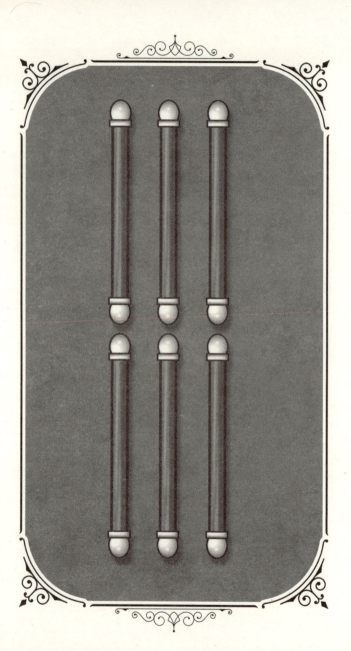

6 de Paus

Presságio: *recompensa*

....

Você acha que todas as pessoas
bem-sucedidas nunca perderam nada?
A vitória só existe depois de muita
transformação e perseverança. Avante,
confie em você e tudo se realizará.

*Sabe, a vida tem muito a lhe oferecer;
basta voltar a viver intensamente!*

9 de Ouros

Preságio: *estabilidade*

....

Você busca um porto seguro para as suas emoções? Então está no caminho certo para o seu sucesso. Seja forte, acredite em você, continue com seus planos e encontre a sorte.

Não deixe de abrir seus horizontes mentais, esteja aberto para novidades.

Enamorado

Preságio: *oferta*

· ·

Você está deixando o tempo ou as pessoas decidirem por você; não faça isso. Para conseguir o que deseja é necessário agir imediatamente; caso contrário, perde-se.

Nem sempre podemos ter tudo
ao mesmo tempo, a prosperidade
está na escolha racional.

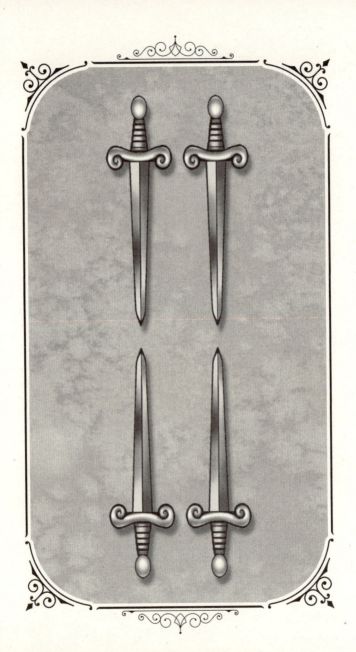

4 de Espadas

Presságio: *inércia*

....

Você está ansioso à toa; nem adianta
correr muito atrás do que deseja.
Não é o momento, não é o mais
adequado, não é o melhor caminho.
Reflita sobre a sua vontade, mude.

*Relaxar e deixar o tempo passar é o melhor
caminho para encontrar uma solução.*

Tente abrir o tarô novamente
amanhã ou reformule a pergunta.

*O Mago diz — A paciência
é uma virtude!*

Pajem de Ouros

Presságio: *abertura*

....

Comece agora a colocar em prática o
que deseja: ideias, aspirações, projetos,
sonhos. Não perca tempo, você pode!
Acredite em seu potencial e tudo
fluirá com harmonia e sucesso.

*A vida sempre nos oferece
oportunidades; temos de estar atentos
ao que acontece à nossa volta.*

8 de Copas

Presságio: *fracasso*

....

Sei que você não percebe, não entende, não deseja perder ou desistir de sua vontade, mas é melhor deixar o caminho livre, abrir mão de algo que julga valioso e reciclar as ideias já.

Seja forte! Encare a verdade e avance por outro caminho, assim, encontrará a felicidade.

Mundo

Presságio: *progresso*

. . . .

Tudo está certo e as situações são
plenas de sucesso. Só uma coisa:
a vida é mutável e progressiva;
portanto, não pare nunca, continue se
reciclando, buscando novos sonhos.

*Você pode realizar o que deseja, mas
também pode ter muito mais, é só querer.*

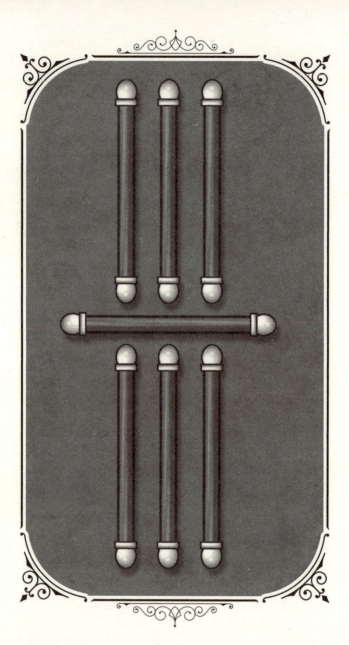

7 de Paus

Presságio: *vantagem*

....

Você tem a sensação de que nada anda e tudo está difícil; porém, as oportunidades e as chances são totalmente suas; é pegar ou largar. Enfim, é preciso lutar para vencer.

Você terá de ser mais dinâmico, esperto e perseverante se quiser atingir seu desejo.

Sacerdotisa

Presságio: *inação*

. . . .

Se não fizer nada, nada acontece.
Na realidade, chegou o momento
de se expressar ou de tomar
posicionamentos; caso contrário, tudo
vai ficar como está e nada se resolverá.

*Não se preocupe, não há perigos;
pois o avanço é o segredo do sucesso.*

Cavaleiro de Ouros

Presságio: *perseverança*

....

Não tenha receios de investir no que deseja; pois a sua vida está repleta de possibilidades, de caminhos, de oportunidades. Por que não arriscar? O sucesso está na renovação.

Vá em frente! Tente! Não desista do bem mais precioso de sua vida: você!

Roda da Fortuna

Preságio: *instabilidade*

....

Os caminhos ainda não estão
traçados: talvez dê certo, talvez não;
em todo caso, espere mais um pouco.
Acalme-se, seja mais objetivo e
busque outra situação em paralelo.

*O mundo é muito mais amplo do que se
observa; acompanhe as mudanças da vida.*

Rei de Paus

Preságio: *produtividade*

....

Existe pleno sucesso no que deseja; porém, se o caminho é demorado ou árduo comece agora pelo primeiro passo; caso contrário, nunca chegará aonde quer. Tenha coragem.

Perseverança, planejamento e ação devem ser as suas metas para realizar sua vontade.

A questão não pode ser
respondida adequadamente.

*O Mago diz — Acalme-se e
abra o tarô novamente.*

Lua

Presságio: *discernimento*

. . . .

Talvez você ache que tudo é possível e que está certo, mas falta o conhecimento dos prós e contras de seu desejo. Medite e separe o real do imaginário, assim, poderá obter o sucesso.

A situação não é tão fácil quanto parece; falta um mergulho na própria alma. Reflita melhor.

Cavaleiro de Espadas

Presságio: *conquista*

....

Muitas vezes ficamos cansados
de tanto tentar, pensar, acreditar;
contudo, agora é o momento de ter
a mesma força, esperança e coragem
de antigamente. O sucesso existe!

*Vá em frente, avante, porque o que deseja
somente será realizado se você lutar muito.*

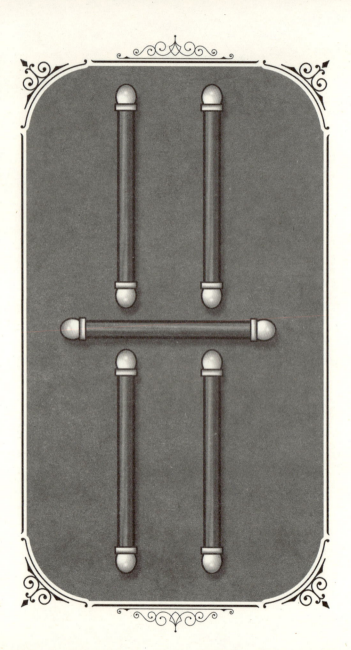

5 de Paus

Presságio: *esforço*

. . . .

Você se encontra numa situação muito favorável, aproveite a boa chance e a boa sorte; não esmoreça perante as dificuldades e os obstáculos atuais. Enfrente tudo com dignidade.

Existe muita felicidade escondida para você em todos os seus caminhos, avante!

9 de Copas

Presságio: *solução*

....

Sucesso e muita felicidade esperam
por você; existe recompensa por todos
os seus esforços e qualquer obstáculo
será dissolvido. Acredite no futuro,
ele é muito bom e cheio de alegrias.

*Deixe o seu coração aberto
para o bem em comum e todos
o ajudarão em sua jornada.*

Julgamento

Presságio: *renovação*

. . . .

O sucesso está a caminho por meio de outra oportunidade, não nessa que está desejando. Esqueça o passado; ele só atrapalha o futuro. Transcenda antes de continuar a sua vida.

O perdão é a única chave para a sua felicidade; não perca mais tempo, renove-se agora.

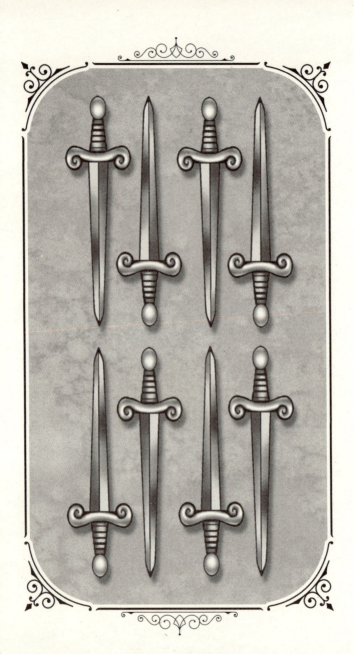

8 de Espadas

Presságio: *perigo*

....

Esqueça o que deseja; não pense mais a respeito. Não se iluda: não sofra, pois todo esforço seria inútil. Nesta situação, você pode esperar fracasso, confusão e traição.

O sucesso e a felicidade estão por outro caminho, centre-se e busque alternativas.

Tente consultar o tarô
novamente amanhã.

*O Mago diz — Não posso
responder a esta questão.*

Cavaleiro de Paus

Presságio: *avanço*

....

Receio, dúvida, medo? Natural. Porém, não tema, o futuro é promissor. Qualquer mudança é sadia e benéfica. Busque a realização de seu sonho, pois seu caminho está aberto.

Vá em frente! Lute, peça, seduza, busque! A vida está a seu favor!

Carro

Presságio: *determinação*

....

Todo caminho está aberto e a realização é possível se continuar com suas ideias e propósitos. Você possui capacidade para progredir e alcançar o seu objetivo de forma feliz.

Não desista e vá em frente! Apenas tenha cautela em suas ações.

6 de Ouros

Preságio: *opção*

....

Não sei o que está atormentando
você se já sabe bem o que fazer.
Nada é pior na vida do que o coração
já ter decidido e a razão produzir uma
hesitação. Acalme-se e prossiga.

*A angústia da decisão só está prejudicando
o seu destino; tudo depende só de você.*

Cavaleiro de Copas

Preságio: *sedução*

....

Cuidado com os sonhos impossíveis e as armadilhas da própria palavra. Tome a devida atenção; pois toda e qualquer promessa ou intenção pode não se realizar como o esperado.

Não há futuro no que está desejando; seja mais realista e busque outro caminho.

Morte

Presságio: *transformação*

. . . .

O melhor é deixar tudo de lado e procurar outras coisas, pessoas ou projetos bem diferentes. Chegou o momento de reciclar, renovar as ideias e fazer algo de novo na vida.

O sucesso existe e está próximo, mas não exatamente como está desejando ou planejando.

Talvez a questão tenha
sido mal formulada.

*O Mago diz — Visualize e
pergunte novamente.*

Ás de Ouros

Preságio: *segurança*

....

Total capacidade e chance para atingir o seu objetivo; o sucesso e a sorte encontram-se em seu caminho. Apenas não descuide de seu amor-próprio e de sua autoestima.

Não perca seu tempo com perfeições e banalidades, siga em frente e seja feliz.

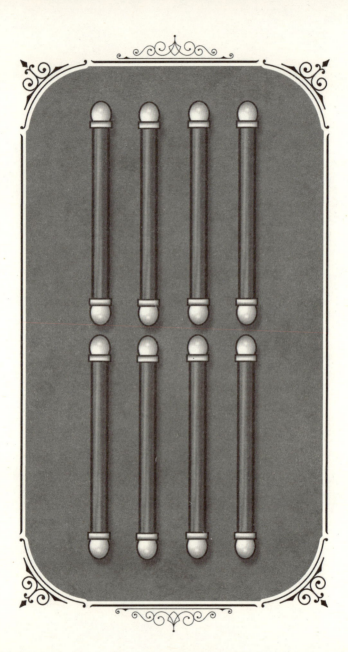

8 de Paus

Presságio: *término*

....

A situação que deseja é boa, mas não será possível realizá-la como gostaria. Na verdade, você se encontra num novo ciclo de vida e novas e melhores oportunidades surgirão.

Renove sua vida, busque outros horizontes e perspectivas, não insista no passado.

2 de Espadas

Presságio: *rivalidade*

....

Viver não é fácil e você deve estar cansado de tantos obstáculos. Porém, infelizmente, vai ter de enfrentar mais um contratempo sem solução. A melhor saída é esquecer ou não fazer nada; não discuta.

É sábio aquele que sabe se afastar. Desta forma o sucesso surgirá em outro caminho.

Diabo

Presságio: *poder*

....

Querer é poder. Você pode realizar tudo neste momento; porém, a situação não vai satisfazê-lo plenamente. Assim, mesmo atingindo o seu objetivo, reveja o seu ponto de vista e o seu ideal.

Para ter um futuro brilhante é necessário ter um presente glorificante.

Ás de Copas

Prességio: *felicidade*

....

A vida é bela e dinâmica; pois existem muitas formas de autocura. Chegou o momento de se motivar com alegrias, sucessos e muitas realizações! Seja feliz!

As pessoas estão ao seu lado para ajudar, confie nelas e no destino; siga em frente.

Rainha de Paus

Presságio: *garantia*

....

Vantagens adicionais em todos os projetos e realização absoluta da vontade; tudo isso é possível graças às condições de verdade, honestidade e inteligência. Boa sorte e sucesso.

Não hesite, compartilhe suas necessidades, siga em frente e seja feliz!

Abra o tarô amanhã.

*O Mago diz — Por favor, não insista,
ou darei a resposta errada.*

Imperatriz

Preságio: *prosperidade*

....

A situação é produtiva e há grande possibilidade de realizar o que deseja; contudo, não perca tempo com a perfeição e os pensamentos desnecessários! Seja prático.

Aproveite as chances que a vida lhe oferece! Aja imediatamente e terá sucesso.

3 de Espadas

Presságio: *decepção*

. . . .

Não adianta querer realizar tudo
à força, você não vai conseguir.
Esta situação é enganosa, confusa e
decadente. Tudo na vida tem o seu
tempo e, principalmente, um destino.

*O ideal é mudar de atitude, de planos
e de anseios para atingir a felicidade.*

2 de Copas

Preságio: *alegria*

....

Seu desejo é tudo o que o destino quer para você. Toda negatividade e obstáculos serão afastados; pois novos tempos de tranquilidade, fraternidade e pleno sucesso chegarão.

Confie no futuro, ele é promissor.
Tenha fé e tudo dará certo,
avance com determinação.

Rei de Espadas

Presságio: *vitória*

....

Você vai ter de ultrapassar esta fase com sua própria capacidade; ninguém vai poder ajudar. A realização e o sucesso encontram-se exclusivamente em suas mãos.

Corra atrás e vencerá; fique parado e perderá! Você decide o que deseja fazer.

Louco

Preságio: *dispersão*

. . . .

Seu desejo não tem futuro; mude de atitude. Tome cuidado com a imaturidade, a ansiedade e a precipitação. O melhor caminho é ser mais comedido e coerente. Acalme-se.

A situação não é tão importante, concentre suas energias em coisas mais úteis.

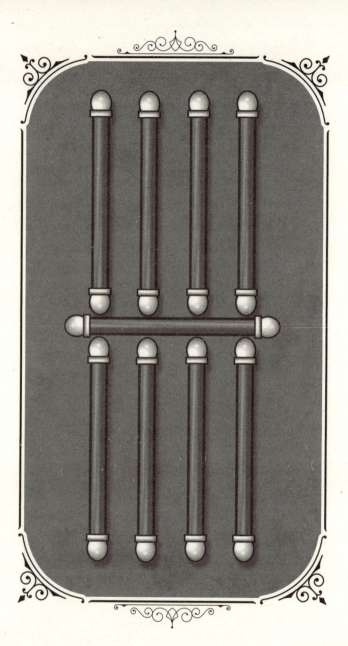

9 de Paus

Presságio: *adiamento*

....

Será possível realizar o que deseja, mas existem muitos problemas a serem superados. Tudo será transposto, mas só o tempo e a perseverança constituem a vitória e a alegria.

Seja resistente, não desista de seu sonho; siga em frente e lute com esperança.

A questão foi mal expressada.

*O Mago diz — Reformule
e tente novamente.*

Três de Copas

Presságio: *prazer*

....

Tudo sairá como planejado e haverá
satisfação profunda nessa situação; todos
os problemas e dúvidas desaparecerão.
O destino prevê abundância de felicidade.

*Aprenda a ser uma pessoa grata por tudo,
e aceite a vida como ela é. Tenha fé.*

Ás de Espadas

Preságio: *conquista*

. . . .

Muitas coisas difíceis podem ter
acontecido, mas a vida é dinâmica,
ampla e cheia de oportunidades.
Todos os seus caminhos estão abertos,
e você deve lutar por todos eles!

*Busque todas as oportunidades nessa
situação e você achará sua felicidade.*

Estrela

Presságio: *liberdade*

....

Esteja tranquilo, tudo vai dar certo!
Não podemos perder a expectativa
de um mundo melhor. Os caminhos
estão abertos e tudo acontecerá
como deseja, seja agora ou depois.

*O destino está a seu favor. Coloque
um sorriso no rosto, tenha fé
na vida e siga em frente!*

Rainha de Ouros

Presságio: *preservação*

....

Você pode realizar com satisfação
o que está desejando, mas não se
esqueça de quem o ajudou um dia.
As pessoas à sua volta precisam
mais de você do que imagina.

*No momento, não desperdice
nada que possui e mantenha-se
firme em seus sonhos.*

7 de Ouros

Presságio: *expansão*

....

A ansiedade está gerando ações imprudentes, calma. O que deseja está correto e vai dar certo. Uma nova vida de sucesso está florescendo e todos os obstáculos serão superados.

Tudo vai se realizar, mas depende de sua organização, sabedoria e paciência.

9 de Espadas

Presságio: *sofrimento*

....

O que pretende não é possível, não se encontra no seu destino. O fracasso existe para alertar o erro. O passado deve ficar no passado e a vaidade e o orgulho devem ser eliminados.

Reavalie sua situação, transcenda as questões antigas e encontrará um novo caminho feliz.

Eremita

Presságio: *lentidão*

. . . .

O que você deseja só é possível realizar em longo prazo; pois existem outras situações mais importantes para serem resolvidas antes. Acalme-se, centre-se e busque o equilíbrio.

Seja uma pessoa sábia: ande mais devagar e chegará aonde deseja com sucesso.

Para esta questão,
consulte o tarô amanhã.

*O Mago diz — A paciência
é uma virtude.*

Pajem de Copas

Presságio: *autoestima*

....

Momento de se reconciliar com a vida; tudo se renova e todos seus desejos serão realizados. Além do que solicitou você ainda terá novas propostas e notícias agradáveis em breve.

Abra seu coração, fale a verdade e busque a harmonia; permita-se viver como criança.

Rei de Ouros

Presságio: *sucesso*

....

As condições para realizar o que deseja são absolutas; seu empenho e perseverança serão recompensados com o que há de melhor. Vitória e estabilidade chegam em breve.

Tudo é possível e seu problema tem solução! Siga em frente de forma destemida.

Torre

Presságio: *dissolução*

....

O que está almejando não lhe pertence e não possui forma construtiva ou positiva. Sei que pode ser difícil para você, mas deve observar seu próprio erro, aprender e continuar a vida.

O melhor caminho para o seu crescimento e sucesso é mudar e ampliar a visão do futuro.

Você formulou errada a sua questão.

O Mago diz — Acalme-se e pergunte novamente.

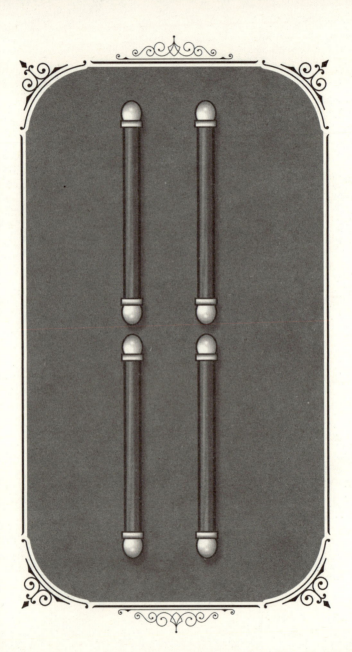

4 de Paus

Presságio: *harmonia*

....

Haverá satisfação no que deseja realizar;
seus esforços serão recompensados
com a paz e a estabilidade. Todos
os problemas se equilibram e novas
portas se abrem em seu futuro.

*Compreenda seus limites, concilie-se
com tudo e com todos; siga em frente.*

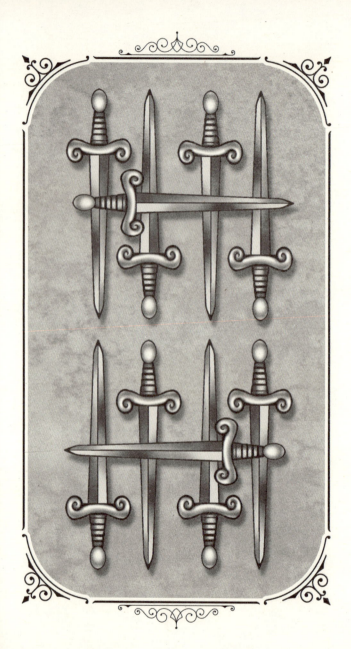

10 de Espadas

Presságio: *ruptura*

....

Não ande em círculos, o caminho
está fechado, busque alternativas já.
Os problemas terminarão na medida
em que abandonar seus dogmas e
convicções antigas, não hesite.

*O sucesso está em recriar-se, reinventar-se;
liberte-se e avance em novas direções.*

3 de Ouros

Presságio: *expansão*

....

Perícia e habilidade para conseguir o que deseja. Mantendo-se na retidão, poderá ir mais longe ainda. Todos os caminhos estão abertos; sucesso presente e progresso futuro.

Seja digno, magnânimo, fiel aos seus princípios e siga em frente.

Sacerdote

Presságio: *disciplina*

. . . .

A realização só é possível se houver a aceitação dos limites em comum e se agir dentro da legalidade moral ou jurídica. A satisfação será plena se houver o cumprimento da palavra.

O sucesso está na flexibilidade, no intercâmbio, no respeito e na harmonia.

Rainha de Copas

Presságio: *enigma*

....

Embora a situação pareça ser boa, ainda existem muitos pontos obscuros a serem esclarecidos. Nada é prejudicial, nem difícil, mas seria melhor não esperar muito do futuro.

O resultado só poderá ser satisfatório e positivo se houver autoestima e autoconfiança.

Quatro de Ouros

Preságio: *limitação*

....

O tempo pode ser um grande aliado
quando se é flexível, mas poderá ser
perverso quando tentamos manipular
os fatos. Cuidado com a obstinação
e a incapacidade de compartilhar.

*Ainda não é o momento de
resolver nada; apenas de aguardar
e de apreciar o que possui.*

Temperança

Presságio: *abstinência*

. . . .

Calma! O mundo não vai acabar
amanhã e o tempo é eterno para todos.
O sucesso está reservado para você,
mas tem de esperar, ser perseverante,
dar tempo ao tempo, ter fé.

Paciência, pois outras situações
devem ser resolvidas antes da
conclusão do que almeja.

A questão não pode ser respondida.

*O Mago diz — Não insista
ou responderei errado.*

Dez de Ouros

Presságio: *êxito*

. . . .

Satisfação e glória para tudo o que está desejando. Você terá um período de boa sorte e soluções totalmente favoráveis. O futuro é auspicioso, não desperdice o seu tempo.

Procure investir em você, fazer o que está desejando, já.

Pajem de Espadas

Presságio: *falsidade*

....

Saia pela tangente, devagar e de fininho. Pare de querer fazer tudo ao seu modo. Sabemos que às vezes dá certo, mas agora não será possível. A situação é enganosa e perigosa.

Como o Universo não para, em breve você vai encontrar uma oportunidade bem melhor.

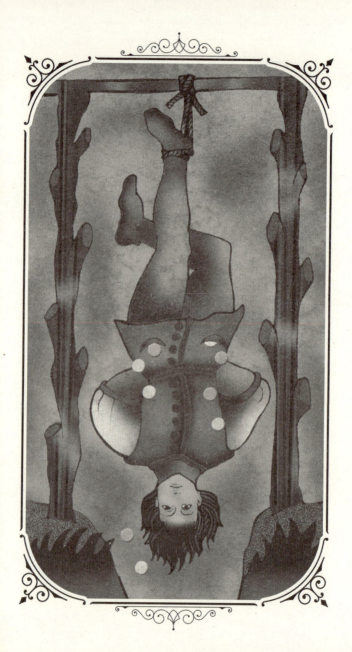

Pendurado

Presságio: *paralização*

....

O desejo é utópico, parece ser positivo, mas não é. Não vale a pena continuar, nem esperar, é perda de tempo. O melhor a fazer é reciclar ou deixar esta situação de lado.

Não insista neste caso, pois o sucesso encontra-se em outro caminho. Medite a respeito.

8 de Ouros

Presságio: *abertura*

....

A prosperidade é muito maior do que imagina; pois esse seu desejo representa uma nova vida de sucesso. Se existirem obstáculos, enfrente-os, sem exceção. Avance destemido!

Invista em você, no que sua alma deseja e esqueça a opinião dos outros. Tenha fé.

2 de Ouros

Presságio: *impasse*

....

Neste momento não insista no seu desejo. Às vezes temos que nos calar para ganhar mais tarde. Tudo vai se resolver da melhor forma possível no futuro; tenha paciência.

Espere mais um pouco; deixe o tempo fluir e não tome nenhuma decisão precipitada.

Rainha de Espadas

Presságio: *obstinação*

....

A melhor coisa a fazer é deixar de lado esta situação. Ela é muito perigosa e não trará satisfação, só tristeza e amargura. Tome cuidado com sua própria atitude e palavras.

Nem tudo na vida pode ser como desejamos; a felicidade encontra-se em outro caminho.

Imperador

Presságio: *controle*

· ·

A realização é viável e tudo se encontra em suas mãos; porém seria melhor rever seus desejos. Sim, você pode realizá-los sem nenhum obstáculo, mas falta os limites pessoais.

Será que isso traria a tão sonhada felicidade? Somente você tem a resposta.

Rei de Copas

Preságio: *idealismo*

. . . .

Na sua questão, todos os obstáculos serão superados e a sua perseverança será recompensada com o progresso e a felicidade. Mesmo na adversidade você vencerá.

Mantenha sua autoconfiança, tenha a fé inabalável e continue em frente.

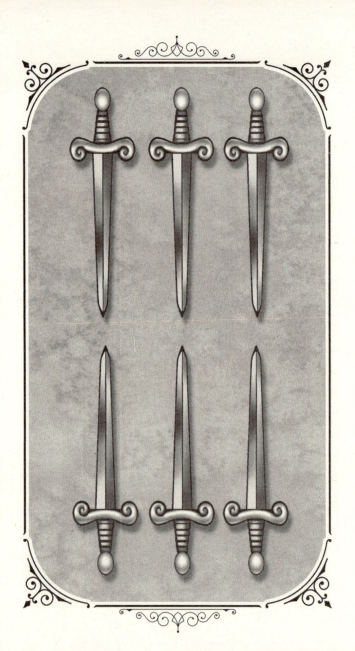

6 de Espadas

Presságio: *negligência*

....

O que está querendo é apenas uma especulação; não há força ou garra suficiente para levar adiante o seu desejo. Você está fazendo tudo errado; reavalie e busque outra solução.

Cuidado com a imaturidade e a negatividade; busque a autoestima para achar o sucesso.

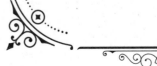

A questão não pode ser
respondida no momento.

O Mago diz — A paciência é uma virtude.

5 de Ouros

Presságio: *prejuízo*

....

Embora você possa realizar o que deseja, isso não vai corresponder a sua expectativa. A situação é instável e existe tanto o desperdício quanto muitos transtornos. Reveja a sua questão.

Você deve reavaliar o que é realmente importante; pois sua felicidade está em outro caminho.

Ás de Paus

Preságio: *fertilidade*

....

Um período de sorte e produtividade
o espera; a sua vontade pode ser
realizada como deseja. Também pode
receber outras notícias importantes
para o seu crescimento e felicidade.

*Continue a lutar pelo seu sonho, seja
destemido e avante rumo ao seu sucesso!*

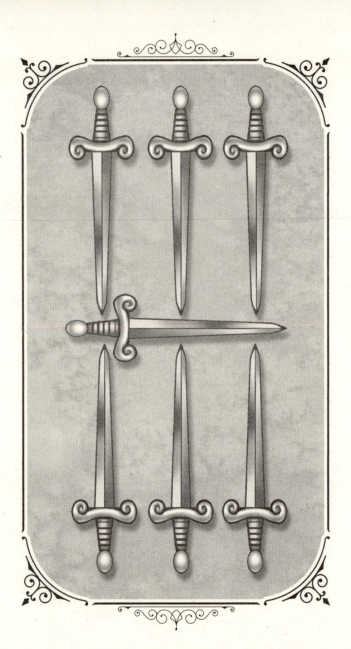

7 de Espadas

Presságio: *cautela*

. . . .

Existe uma pequena chance de realizar o que deseja; porém a situação é muito delicada e frágil, há chances de concluir e depois perder. Muita atenção nas suas próprias palavras e conduta.

O jogo é perigoso e o melhor a fazer é se retirar; busque o sucesso por outro caminho.

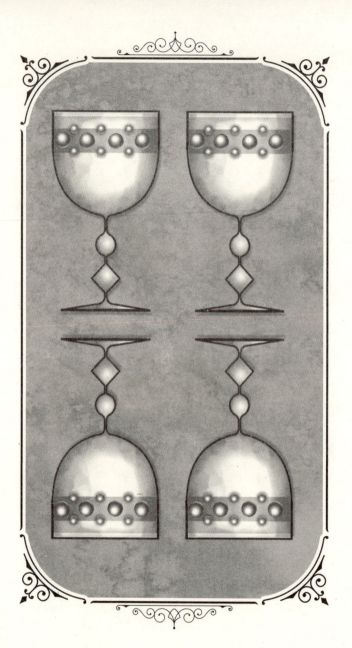

4 de Copas

Presságio: *aborrecimento*

....

Cuidado ao querer mudar alguma coisa em sua vida; aprenda a dar o devido peso e medida às situações. Nem tudo é o que parece e você pode estar confuso. Reavalie tudo.

O que deseja não possui estrutura, não tem sentido; encontre outro caminho para ser feliz.

Para essa questão
abra o tarô mais tarde.

*O Mago diz — Acalme-se
antes de perguntar.*

Justiça

Presságio: *reavaliação*

. . . .

Você está certo e poderá realizar o que deseja; porém, tudo depende de acordos e retidão. Cautela é a melhor proposta. Reveja seu ponto de vista, seus direitos e seus deveres.

Cuidado! Não adianta querer antecipar as coisas, pois tudo tem seu tempo para acontecer.

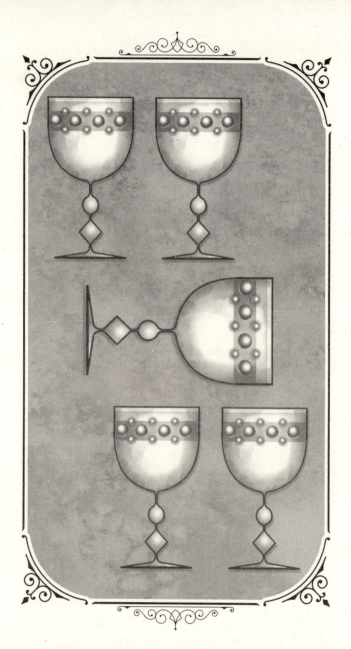

5 de Copas

Presságio: *frustração*

....

Sonhar é bom, mas, às vezes, torna-se pura ilusão, devaneio ou obsessão. Não insista em algo que não tem como acontecer, você sabe disso. O resultado é imperfeito e prejudicial.

Desista, afaste-se, busque outros caminhos; somente assim encontrará a felicidade.

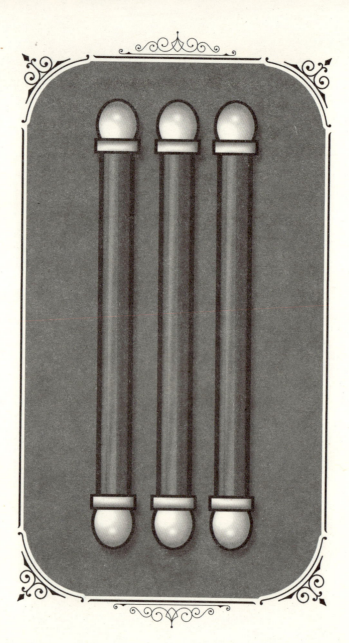

3 de Paus

Presságio: *comunhão*

....

Existe a oportunidade de sucesso naquilo
que deseja se houver o intercâmbio e
a fraternização durante a realização.
Tudo é vantajoso se for bem estruturado
com honestidade e respeito.

*Continue perseverante,
autoconfiante, íntegro e a felicidade
baterá à sua porta agora.*

10 de Copas

Presságio: *plenitude*

. . . .

A sua questão tem uma resposta bem direta: felicidade! Os caminhos estão abertos para uma realização eficaz. Período de alegrias, autoestima e descobertas de novos sonhos.

Os obstáculos desaparecem; portanto, perdoe o passado e avance para o futuro.

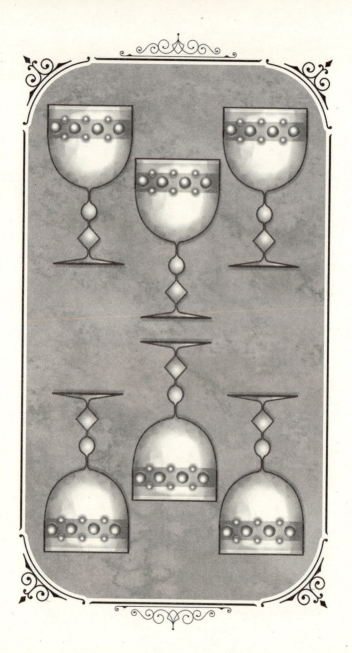

6 de Copas

Presságio: *lamentação*

. . . .

De que adianta continuar desejando um futuro magnífico se você não aprende com o que passou? Bem, sinto muito, mas o que deseja não é possível. Antes, resolva suas pendências.

Faça um balanço de sua vida; reveja seus sonhos e busque outro caminho para felicidade.

Sol

Preságio: *triunfo*

....

Tudo é possível desde que você acredite em seu poder, força e coragem. A alegria existe e os caminhos estão abertos. A jornada é de evolução, oportunidades e desenvolvimento.

Abra sua visão para o mundo, busque a verdade e a consciência dos fatos e seja feliz!

A questão não foi expressa
adequadamente.

*O Mago diz — Visualize a
situação e pergunte de novo.*

Pajem de Paus

Presságio: *honestidade*

....

Existe boa intenção e verdade; a situação pode se realizar no futuro. Toda oportunidade deve ser vista como um novo caminho próspero a ser percorrido. Seja otimista e avance.

Faça tudo isso sem esperar nada em troca; a vida saberá retribuir-lhe com felicidade!

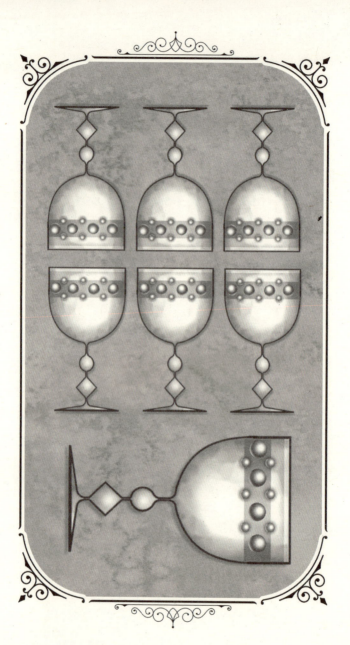

7 de Copas

Presságio: *ilusão*

....

Existe um excesso de imaginação em seu desejo que não o levará absolutamente a nada. O caminho é destrutivo e tende a expor uma situação bem pior. O importante não é ter, é ser.

Seja realista e observe os seus limites, somente assim encontrará a alegria e o sucesso.

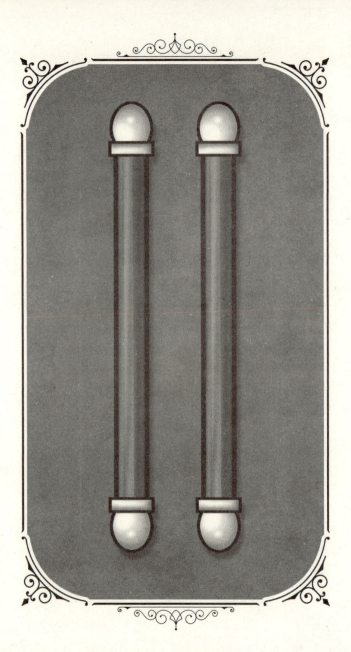

2 de Paus

Presságio: *ponderação*

....

O que deseja é possível realizar; porém,
existe um impasse a ser resolvido
antes de atingir o sucesso desejado.
Os obstáculos serão superados ao
longo do tempo; seja perseverante.

*Chegou o momento de refletir
sobre o que é importante; medite,
pense e depois continue.*

Força

Presságio: *domínio*

....

A conquista do que deseja é absolutamente certa; seu magnetismo e persuasão farão com que chegue ao sucesso. Não conte com ninguém, somente você pode decidir o que quer.

Não abra mão de seus ideais, de sua vontade, de sua intenção! Lute até o fim!

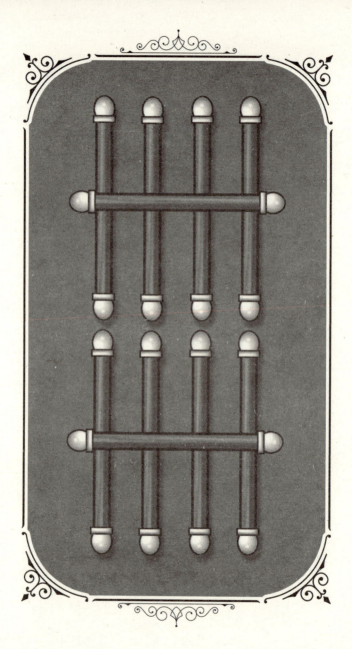

Dez de Paus

Presságio: *redefinição*

. . . .

Talvez possa, a longo prazo, realizar o que deseja; mas um novo mundo está se abrindo para você. É bem provável que, em breve, mude sua vontade. Fique aberto para o destino.

Siga seu coração, sua alma e seus pensamentos mais íntimos. Seja feliz!

*Ó Força cósmica e universal,
agradeço pela orientação!*